HISTOIRE

DES

FUSÉES DE GUERRE

OU RECUEIL

DE TOUT CE QUI A ÉTÉ PUBLIÉ OU ÉCRIT SUR CE PROJECTILE,

SUIVIE

de la description et de l'emploi des obus à mitraille

DITS SHRAPNELLS,

ET DES BALLES INCENDIAIRES,

PUBLIÉ PAR **J. CORRÉARD**, ANCIEN INGÉNIEUR.

Atlas.

PARIS,

J. CORRÉARD, ÉDITEUR D'OUVRAGES MILITAIRES,

RUE DE TOURNON, 20.

1841

EXPLICATION DES PLANCHES. (1)

Pl. 1. Equipement de la cavalerie pour le service des Fusées.

2. Equipement d'un cheval de bât.

3. Cavalerie attachée au service des fusées, en marche et dans une action.

4. Affûts de campagne pour les fusées en marche et dans une action.

5. Infanterie chargée du service des fusées, en marche et dans une action.

6. Manière d'employer les fusées dans un bombardement.

7. Moyens de se servir des fusées dans un bombardement derrière des retranchements en terre, sans nul appareil.

8. Embuscade à fusées.

Pl. 9. Emploi des fusées pour l'attaque et la défense des places fortes.

10. De l'emploi des fusées par l'infanterie contre la cavalerie et pour défendre l'approche d'une forteresse.

11. Emploi des fusées par des chaloupes.

12. Emploi des fusées dans les brûlots, et manière d'équiper toutes autres espèces de navires pour le service des fusées.

13. Théorie du mouvement des fusées. — Service des fusées, etc.

14. Perfectionnements, nouvelles applications des fusées, etc.

15. Fusées de guerre appelées Rochettes.— Fabrication, etc.

(1) Voir pour le détail de l'explication des planches les pages 49 à 76 du texte.

Pl. I.

Pl. II.

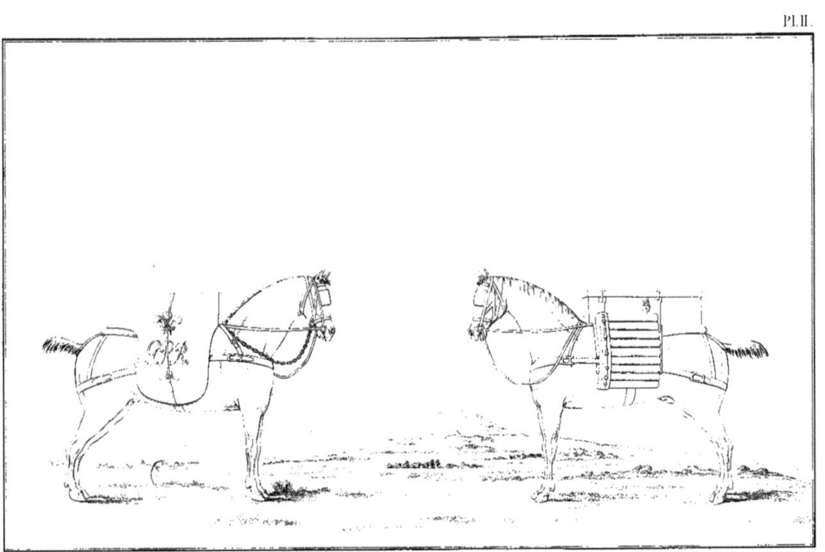

Fig. 1.

Pl. III.

Fig. 2.

Fig. 1.

Pl. IV.

Fig. 2.

Pl. V.

Fig. 1.

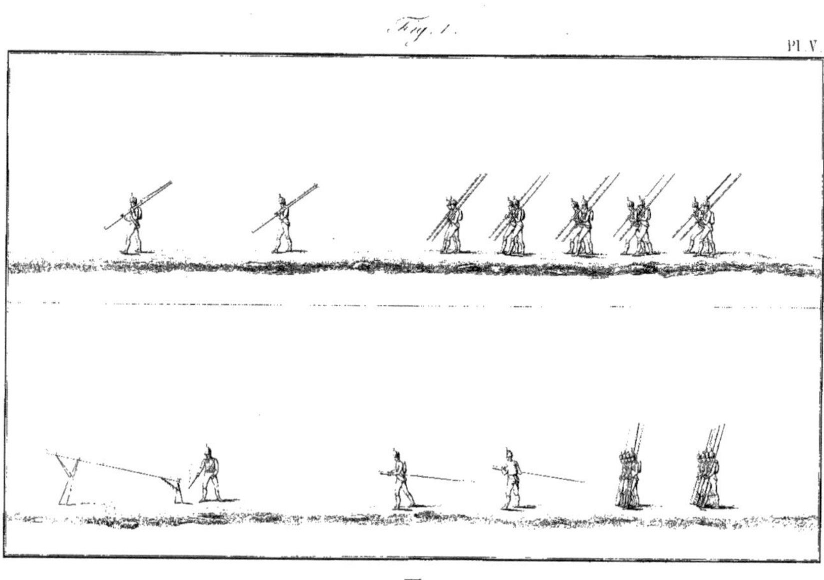

Fig. 2

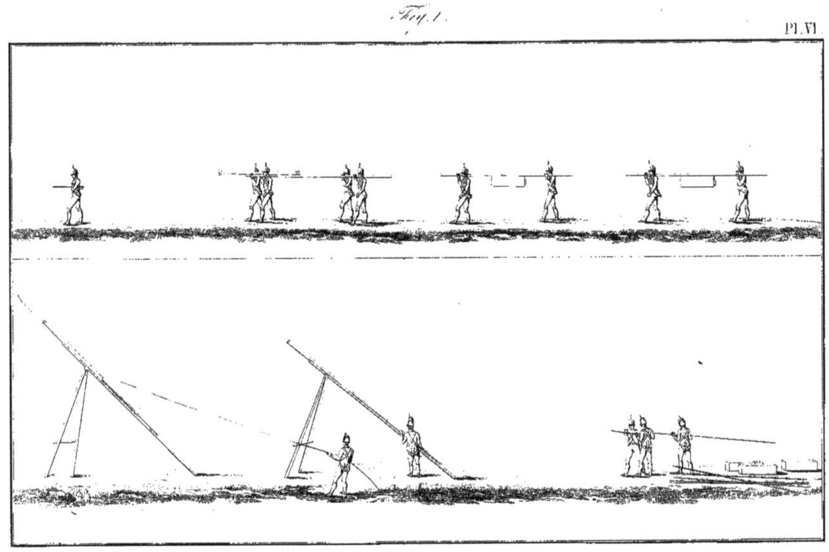

Fig. 2.

Fig. 1.

Pl. VII.

Fig. 2.

Fig. 1.

Pl. VIII.

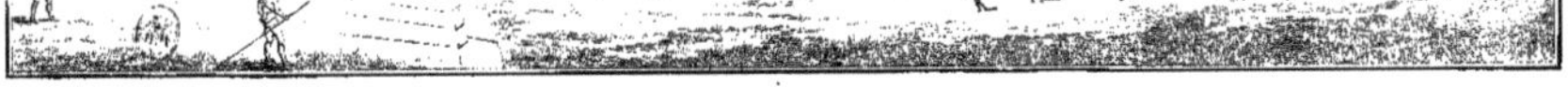

Fig. 2.

Fig. 1.

Pl. IX.

Fig. 2.

Fig. 1.

Pl. X.

Fig. 2.

Pl. XI.

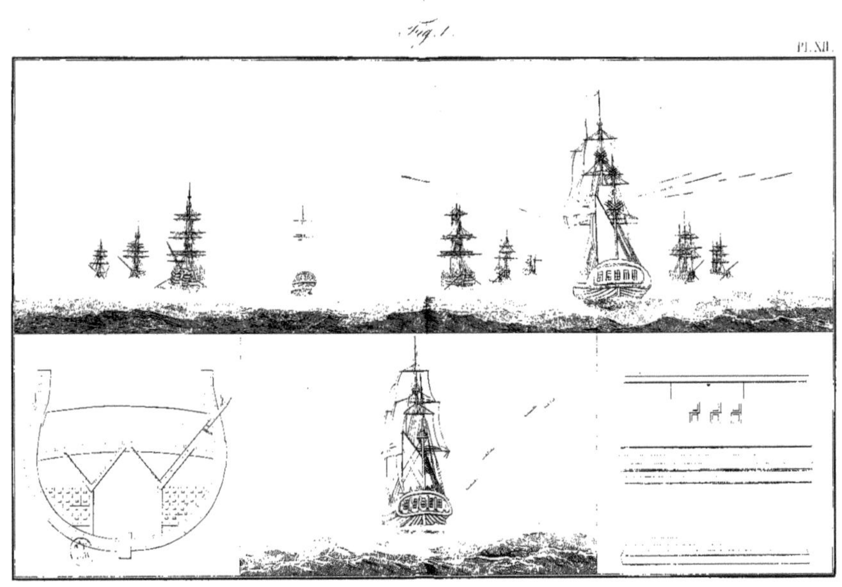

Fig. 2.

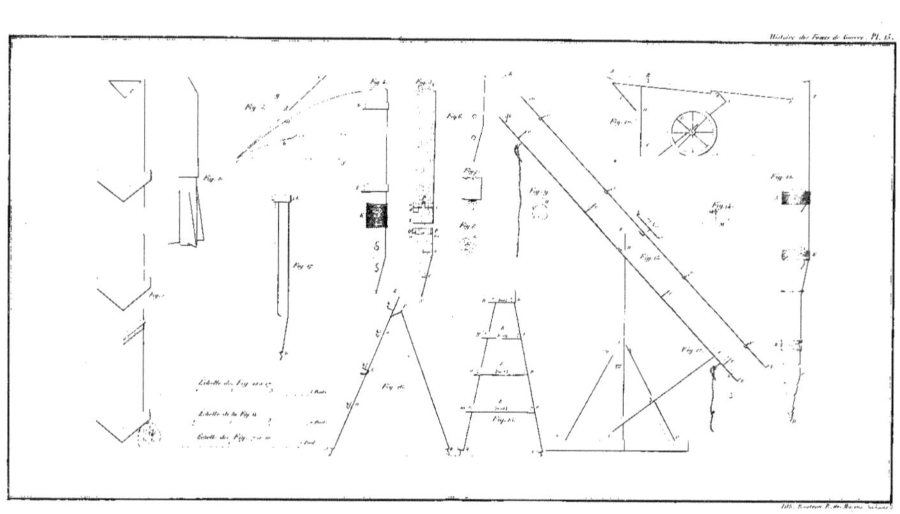

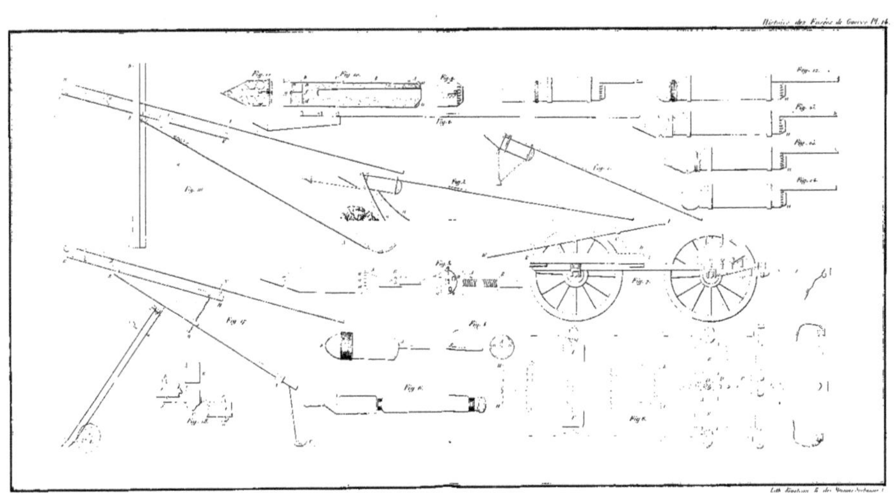

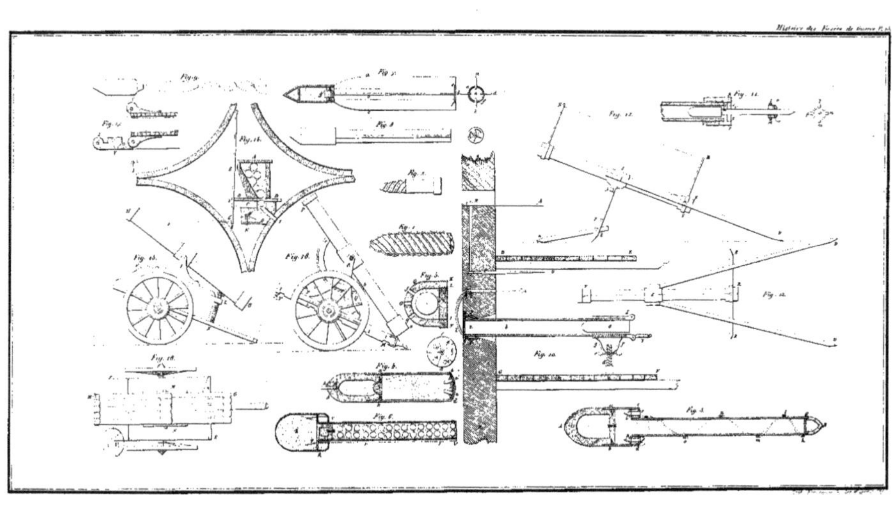

www.ingramcontent.com/pod-product-compliance
Ingram Content Group UK Ltd.
Pitfield, Milton Keynes, MK11 3LW, UK
UKHW020448180726
13839UKWH00004B/1698

9 782329 467153